Introduction 6

CHAPITRE 1 13
Tactiques de base 13

Tactique Simple 1 14
OSEZ DEMANDER 14
EXEMPLE #1 15
Les maillots de bain 15
EXEMPLE #2 17
La paire de basket 17
EXEMPLE #3 18
Les gâteaux à la boulangerie 18

Tactique Simple 2 20
COUPER LA POIRE EN 4 20
EXEMPLE #1 22
Le scooter 22
EXEMPLE #2 24
Le petit meuble à la brocante 24

Tactique Simple 3 26
VIS MA VIE 26
EXEMPLE #1 28
L'écran d'ordinateur 28

EXEMPLE #2 30
   Le Canapé 30

COMBINER LES TACTIQUES SIMPLES 33
Combo #1 34
   « OSEZ DEMANDER » + « POIRE EN 4 » 34
Combo #2 34
   « VIS MA VIE » + « OSEZ DEMANDER » + « VIS MA VIE » +
   « OSEZ DEMANDER » 34
Combo #3 35
   « VIS MA VIE » + « POIRE EN 4 » 35

CHAPITRE 2 37
Tactiques complexes 37

Tactique Complexe 1 38
   LE SILENCE EST D'OR 38
   EXEMPLE #1 41
     La petite Toyota hybride 41
   EXEMPLE #2 42
     Le Bungalow 42

Tactique Complexe 2 45
   DONNER & RECEVOIR 45
   EXEMPLE 49

Tactique Complexe 3 50
  JEU DE RÔLE 50
  EXEMPLE #1 52
    Le prêt de l'appartement 52
  EXEMPLE #2 54
    La paire de chaussures de running 54

COMBINER LES TACTIQUES COMPLEXES & SIMPLES 56
  Combo #1 56
    « DONNER &RECEVOIR » + « JEU DE RÔLE » 56
  Combo #2 57
    « OSEZ DEMANDER » + « DONNER & RECEVOIR » +
    « SILENCE EST D'OR » 57
  Combo #3 58
    « DONNER & RECEVOIR » + « POIRE EN 4 » 58

CHAPITRE 3 60
La position du vendeur 60

1 – « OSEZ DEMANDER » 61
2 – « COUPER LA POIRE EN 4 » 62
3 – « VIS MA VIE » - « SILENCE EST D'OR » - « DONNER &
RECEVOIR » - « JEU DE RÔLE » 63

CHAPITRE 4..64
Ce que j'ai appris de mes échecs..............................64

Observation #1 :...65
  Être ambitieux oui ! Mais pas n'importe comment. 65
Observation #2 :...66
  Choisir ses batailles. 66
Observation #3 :...67
  Être respectueux, sincère et direct. 67
Observation #4 :...68
  Informer, briefer mes proches ou mon équipe. 68
Observation #5 :...70
  Toujours se laisser une porte de sortie. 70
Observation #6 :...72
  La force des marques. La force de l'offre et la demande...72
Observation #7 :...73
  Partir la fleur au fusil. 73
Observation #8 :...74
  L'habit fait parfois le moine. 74
Observation #9 :...76
  Coup de cœur = Attention danger pour une négociation efficace 76

Chapitre 5 78
C'est juste le début 78

Voici à quoi pourrait ressembler le sommaire du prochain livre : 79

Conclusion 81

Introduction

Si vous voulez augmenter votre pouvoir d'achat, il n'y a pas 36 solutions !

Option 1 : Gagner **plus.**

Option 2 : Dépenser **moins.**

Pour gagner plus, tout est possible mais malheureusement ça arrive rarement du jour au lendemain.

- changer de boulot,

- monter sa boîte,

- gagner au loto,

- inventer un truc super innovant,

- etc, …

Pour dépenser moins, nous savons tous adapter notre train de vie en fonction de nos revenus.

- Acheter moins

- Faire la chasse aux promos

- Gérer ses priorités (synonyme de moins de vacances par exemple ou de moins de loisirs)

- etc, …

Maintenant, j'ai une question pour vous : Combien de fois essayez-vous de négocier pour améliorer votre pouvoir d'achat ? Je ne parle pas de négocier avec votre patron (qui dans 90% des cas vous sortira une petite augmentation de 1 à 2%).

Je parle de négocier au quotidien ! Oui nous avons tous accès à la négociation et malheureusement encore trop peu d'entre vous utilisent. Pourtant, l'effet positif sur votre portefeuille est quasi immédiat. Vous récupérez instantanément du pouvoir d'achat.

A la lecture de ces lignes, certains ou certaines vont se dire : « Bin moi je négocie quand j'achète des gros trucs ! Un canapé, une cuisine, un logement, une voiture, etc… mais pour le reste ça ne sert à rien ! »

Détrompez-vous, car comme les gouttes d'eau qui forment les ruisseaux, les ruisseaux qui forment les rivières et les fleuves qui forment les mers, chaque Euro négocié compte ! Chaque Euro que vous aurez gagné en négociant sera autant d'argent que vous aurez économisé et autant d'argent que vous pourrez dépenser pour d'autres envies ou améliorer votre quotidien.

Pensez-y ! il est souvent plus facile de gagner 5, 10 ou 20€ sur des petits achats plusieurs fois dans l'année que de gagner 1 000, 2 000 ou 5 000 € sur un gros achat. En négociant, vous pourrez également avoir mieux pour moins cher !

Ce livre va vous permettre de rajouter du beurre dans vos épinards et en prenant votre destin en main. Il s'adresse à toutes celles et ceux qui veulent découvrir comment utiliser la négociation au quotidien pour augmenter son pouvoir d'achat sans toujours avoir à attendre d'hypothétiques augmentations de salaire ou encore le vote d'une loi par le gouvernement qui n'auront finalement que très peu d'effet sur leurs porte-monnaie.

L'objectif est de rendre accessible la négociation en se basant sur une approche simple et systématiquement étayée d'exemples très concrets du quotidien. Des exemples qui ont fonctionné dans la vraie vie !

En suivant les recommandations et les tactiques présentées, vous aurez les clés et les bases pratiques pour voir rapidement des résultats.

Comme j'aime souvent le dire, on apprend à marcher avant d'apprendre à courir. Une fois que vous vous sentirez à l'aise après les premiers pas, les chapitres suivants couvriront des approches plus complexes. Ces approches vont seront plus utiles pour vos « gros achats » et elles vous permettront d'obtenir bien mieux que la remise « habituelle » que tout vendeur possède dans sa manche afin de donner le sentiment à son client qu'il fait une bonne affaire.

Vous savez quoi ? Cerise sur le gâteau : Une grande majorité de ces techniques pour négocier « acheter mieux » peuvent aussi être utilisées pour vendre mieux !

Une peu d'historique me concernant car il me semble important que vous sachiez qui écrit ce livre.

J'ai travaillé pendant plus de 20 ans pour des grandes multinationales industrielles et j'ai parcouru le monde entier pour faire du business ! Négocier des gros contrats de plusieurs millions, gagner des nouveaux clients, faire des acquisitions de sociétés, se battre pour augmenter les prix, etc... tel était mon quotidien.

Mon parcours académique est très atypique puisque j'ai commencé par un BEP/CAP, BAC et BTS en électrotechnique pour ensuite bifurquer vers des études en marketing, vente et finance auprès d'établissements renommés tels que le CNAM, l'INSEAD ou HEC.

Je ne sais pas si ça a une importance ou si ça explique une partie de mon parcours mais pendant tous les dîners de mon enfance et de mon adolescence j'ai écouté les récits de mon beau père qui nous parlait de ses journées au travail. Il était directeur commercial dans une grosse société française (rachetée plus tard par AIR LIQUIDE). Ma mère et moi, nous avions donc chaque jour (sans rire c'était chaque jour !) un débrief complet de sa journée, du coaching des commerciaux, des négociations avec les clients etc.... Bon je sais, ça n'a pas l'air marrant comme ça mais je crois que nous n'avions pas beaucoup de sujets de conversation hormis celui-là.

Plus récemment, je suis devenu Freelance pour accompagner les entreprises dans leurs problématiques de croissance et j'ai également créé 2 sociétés.

Ce sont ces expériences et ces apprentissages qui me permettent aujourd'hui de partager avec vous les meilleures astuces, les meilleures techniques pour améliorer votre pouvoir d'achat au quotidien.

Avec cet ouvrage, j'ai 2 objectifs :

- Le premier, que vous puissiez voir des résultats concrets rapidement.
- Le second, avoir vos retours d'expérience, vos commentaires car je suis certain que beaucoup d'entre vous auront des idées et des bonnes pratiques à partager.

Parfois, lorsque je lis des livres ou que j'écoute des podcasts de personnes qui racontent qu'elles sont super fortes et qu'elles vont nous apprendre à devenir riche, je me demande pourquoi elles s'embêtent à le faire… Finalement, ne seraient-elles pas mieux sur la plage avec un cocktail à la main ?

Certains d'entre vous se disent peut-être la même chose me concernant…. Si je suis le roi de la négo pourquoi je me casse la tête à écrire un livre ?! La réponse est simple : CONVICTION & PASSION. J'adore ça et je prends un plaisir fou à le faire !

Bon assez parlé de moi, maintenant on y va !

Plutôt que d'un grand livre théorique avec beaucoup de blabla, j'ai voulu créer un livre accessible à toutes et tous, avec des schémas simples et des situations réellement vécues.

Comment est-il organisé :

I. La première partie du livre sera focalisée sur les tactiques de base.

II. La seconde partie sera quant à elle dédiée à des techniques plus complexes.

III. La troisième partie extrapolera les techniques les plus pertinentes à utiliser lorsque vous êtes dans la position du vendeur.

IV. La quatrième partie se focalisera sur mes échecs/apprentissages en négociation et l'analyse rétrospective des raisons qui ont fait que ça n'a pas marché.

V. La dernière partie sera consacrée à des notions plus poussées pour passer en mode expert !

A avoir en tête avant de négocier :

1- Soyez **D.É.C.O.M.P.L.E.X.É.(E)** Ce n'est pas être pingre ou radin de négocier (même des petits montants) Rappelez-vous chaque Euro gagné d'un côté améliorera votre confort de vie de l'autre. Utilisez chaque opportunité !

2- Personne ne naît négociateur, certain(e)s ont des prédispositions d'autres moins. Pour autant tout le monde peut le faire.

3- Avoir de la tchatche ne veut pas dire savoir négocier.

4- On a tous 2 oreilles et une bouche, c'est fait pour écouter 2 fois plus que l'on ne parle.

5- Sauf dans des cas très rares, l'agressivité, la condescendance ne vous aideront pas à obtenir quelque chose de votre interlocuteur(trice).

6- Sachez être ambitieux. Commencez systématiquement avec des exigences élevées.

7- Définissez-vous des objectifs quantitatifs et/ou qualitatifs, c'est important pour la suite.

CHAPITRE 1
Tactiques de base

Dans ce chapitre, nous allons voir des tactiques de base qui peuvent être utilisées seules ou combinées. L'avantage de combiner plusieurs tactiques de base est que vous augmenterez votre pourcentage de chance d'obtenir un meilleur résultat pour vous.

Des exemples concrets de la vie réelle seront donnés pour illustrer au mieux les explications.

Lorsque je vais vous parler de ces 3 tactiques de base, vous allez peut-être avoir le sentiment que j'enfonce des portes ouvertes. Pourtant, ce n'est pas le cas ! Même si vous vous dîtes que c'est facile, je vous invite à lire les exemples concrets associés à chaque technique et à vous poser systématiquement et objectivement les deux questions suivantes : « Est-ce que je le fais vraiment ? » « Quelles sont les prochaines situations pour lesquelles je pourrais le faire ? »

Tactique Simple 1
OSEZ DEMANDER

Au quotidien, les gens pensent qu'il faut discuter les prix uniquement pour certains achats ou pour certaines commodités. Pourquoi cette idée reçue ?

C'est vrai ! Combien de fois avez-vous entendu des gens demander un petit effort sur le prix dans un magasin de chaussures par exemple, dans une boulangerie, dans un magasin de vêtements ou encore au restaurant ?

En fait, pour la plupart, nous sommes soit trop timides pour le faire, soit nous craignons de passer pour des pingres ou des gros radins.

Franchement, demander si une réduction est possible ça coûte quoi ? Même si certaines tentatives seront infructueuses, d'autres le seront et si vous gagnez 5, 10, 20, 30 € à chaque fois que ça marchera. Au cumul, ça peut faire une belle somme si l'on additionne l'ensemble de ces « petits gains » sur toute une année.

EXEMPLE #1

Les maillots de bain

Il y a quelque temps, je voulais acheter 2 maillots de bain. Je me suis donc rendu dans un magasin (hors période de solde) et j'ai commencé à focaliser ma discussion avec le vendeur sur 1 seul maillot de bain dont la couleur et le design me plaisaient.

Une fois le premier maillot de bain sélectionné, j'ai dit au vendeur que j'hésitais à acheter un second. (Bien entendu, dès le départ je voulais absolument un second maillot mais le vendeur ne le savait pas).

Mon hésitation sur le second maillot de bain permet « d'allumer » un petit signal dans la tête du vendeur qui va se dire : « je peux vendre un produit en plus et ce n'était pas prévu » !

Quelques instants après, j'ai demandé au vendeur : « Si j'en prends 2 vous me faîtes un prix ? »

Réponse positive du vendeur et j'ai économisé 10€.

Et on ne parle pas de maillot de bain HERMES ou LOUIS VUITTON. Chaque maillot coûtait 25€ pièce.

Points clés

Oser demander !

Savoir quel est l'objectif. Avant d'entrer dans le magasin, je savais dès le départ que je voulais acheter 2 maillots de bain.

A ne pas confondre !

Si l'objectif en rentrant dans le magasin est d'acheter 1 maillot de bain et que l'on ressort avec 2, même si on obtient une réduction de 10 €, nous n'avons pas vraiment économisé d'argent ! Nous avons dépensé plus que notre budget initial puisqu'au départ nous voulions un seul maillot.

Je veux souligner ici l'importance de l'objectif initial (je voulais dès le départ 2 maillots de bain), car il permet d'avoir une réflexion plus « stratégique » ce qui amène souvent à des résultats bien meilleurs et surtout plus réguliers.

Quoiqu'il en soit, négocier c'est aussi improviser et comme vous le verrez plus tard dans le livre, certaines techniques peuvent s'utiliser avec ou sans préparation.

EXEMPLE #2

La paire de basket

J'étais en week-end dans ma belle-famille en Allemagne à la recherche d'une paire de basket. Mon objectif était d'acheter des Converse montantes (pour la première fois de ma vie malgré mon âge avancé ⁇)

J'avais décidé de faire cet achat en Allemagne car sur un certain nombre de produits, les prix outre Rhin sont bien moins élevés qu'en France. 2 raisons à cela :

1 - Le marché est plus grand que la France car il y a 84 millions d'habitants.

2- Les entreprises allemandes sont extrêmement puissantes et intransigeantes pour acheter. Ceci leur permet de faire une bonne marge tout en ayant des prix moins chers qu'en France.

Dans ce cas, les baskets étaient déjà soldées à 65 €. En prenant la paire, j'ai remarqué une toute petite trace de colle sur l'avant de la chaussure. J'ai commencé à frotter avec mon doigt et la trace partait sans aucun problème. Je me suis rendu à la caisse et j'ai dit à une responsable que je voulais une réduction supplémentaire à cause de cette trace de colle. Je m'attendais à un refus, il s'est passé le contraire :

1 - La responsable a pris une mini éponge pour enlever le reste de colle en moins de 20 secondes.

2 – J'ai tout de même eu droit à 15€ de réduction.

A votre avis, que ce serait-il passé si je n'avais pas osé demander ?

Points clés

Oser demander !

Ce n'est pas parce qu'il y a déjà une réduction que nous ne pouvons pas en obtenir une autre.

EXEMPLE #3
Les gâteaux à la boulangerie

Dernier exemple pour la tactique « OSEZ DEMANDER »

Il y a peu de temps, je voulais acheter un tarte (une tropézienne) car nous étions invités chez des amis. Il se trouve que la boulangerie n'avait plus le format de tarte souhaité. Afin de me proposer une alternative, la boulangère m'a proposée 2 tartes (toujours des tropéziennes) d'un plus petit format afin d'avoir suffisamment de parts pour tous les invités.

Il se trouve que le prix cumulé des 2 tartes était plus élevé que le prix de la tarte gros format mais je n'avais pas bien le choix car je m'étais engagé à amener une tarte tropézienne….

Je ne vais pas vous surprendre en vous disant que j'ai demandé une réduction. La boulangère était d'accord pour me faire les 2 tartes au prix équivalent à la grosse tarte.

Puis il m'est venu une idée pour tenter d'alléger encore la note. C'était la fin de journée, le lendemain était un jour férié, j'ai donc suggéré à la boulangère de faire un petit effort en plus car je la « débarrassais » de son stock. Vous savez quoi, j'ai encore eu un petit quelque chose.

Bilan : Nous avons eu plus de tarte que si nous avions eu une seule grosse tarte et en plus nous avons gagné quelques Euros au passage (12€ par rapport au prix de 2 tartes + 5€ de geste commercial)

Points clés

Oser demander !

Utiliser le contexte en sa faveur. C'est ce qui a été fait car nous étions en fin de journée et à la veille d'un jour férié. C'est d'ailleurs une excellente transition pour vous parler de la tactique suivante : « VIS MA VIE »

J'aurais pu écrire un livre entier regorgeant d'exemples uniquement basés sur la tactique « OSEZ DEMANDER » car je l'utilise un nombre incalculable de fois. Pour acheter des vêtements, pour me faire offrir le café au restaurant, chez le marchand de vin, etc….

Ce qui me fait régulièrement rire à posteriori, c'est de voir l'air gêné de mes proches lorsqu'ils sont avec moi et que je formule ce type de demande chez les commerçants. Mais finalement, tout le monde est content car dans 6 cas sur 10 ça marche !

Tactique Simple 2
COUPER LA POIRE EN 4

Bon j'espère que l'expression couper la poire en deux (= faire moitié/moitié) est connue de toutes et tous sinon je vais me sentir encore plus vieux que ce que mes enfants disent !

Je vais vous dire la vérité : cette expression est une véritable imposture. Couper la poire en deux dans une négociation ça veut forcément dire qu'il y en a un qui perd quelque chose et pas l'autre !

Vous me suivez ou pas ? Vous vous dîtes que je suis tombé sur la tête et que si chacun fait un effort c'est un bon deal ! Comme on dit en anglais c'est du WIN-WIN car tout le monde est gagnant. Laissez-moi vous dire que c'est faux, archi-faux.

Je vous explique :

Commençons par le point de vue du **VENDEUR** avec cette simulation.

Quelqu'un vend, sur LEBONCOIN, une machine à laver 200 €. Vous êtes **l'ACHETEUR**, vous le rencontrez pour que vous puissiez voir la machine.

La machine vous intéresse et vous demandez au **VENDEUR** de faire un effort car votre budget initial est de 150 €. Vous lui dîtes : « On coupe la poire en 2, je vous en offre 175 €. »

Dans 95% des cas le **VENDEUR** accepte en se disant que c'est « GAGNANT-GAGNANT » puisque tout le monde a fait un effort.

Désolé de vous décevoir mais c'est complètement faux. Le seul gagnant dans l'histoire c'est **l'ACHETEUR** car il achète une machine affichée 200 € pour 175 €. Le **VENDEUR** a perdu 25 € tout en ayant le sentiment que vous ayez tous les 2 fait un effort.

Maintenant, mettons-nous du point de vue de l'**ACHETEUR** avec cette autre simulation.

Vous voulez réserver une salle pour une fête de famille et vous avez un budget de 600 €. Vous avez vu plusieurs salles mais celle qui vous intéresse vraiment est à 650 €.

Vous prenez RDV avec le **VENDEUR**, tout est ok et vous arrivez à la discussion du prix. En toute transparence, vous allez lui dire que vous avez un budget de 600 € et lui demander s'il peut faire un effort. Et il répond : « On coupe la poire en 2 », je vous propose 625 €.

Certes en tant qu'**ACHETEUR**, vous avez toujours gagné 25 € par rapport au prix du **VENDEUR** si l'on s'en tient strictement à ce que j'ai décrit dans la simulation précédente. MAIS, vous avez quand même dépensé 25 € de plus que ce que vous aviez prévu **mais surtout** qui vous dit que 625 € était le prix le plus bas auquel le **VENDEUR** pouvait descendre ?

Je vais encore jouer les rabat joie et vous dire que vous auriez sans doute pu obtenir mieux que ce prix-là et ce uniquement à cause de cette fichue poire en deux.

Ma proposition : **COUPER LA POIRE EN 4**

Dans les exemples qui vont suivre, je vais systématiquement me placer dans la position de l'acheteur.

Rappel dans la troisième partie du livre, je reprendrais certaines techniques (dont celle-ci) pour vous expliquer comment les utiliser si vous êtes le vendeur.

EXEMPLE #1
Le scooter

L'année dernière, j'ai voulu acheter un scooter d'occasion pour mes petits trajets.

J'avais un budget minuscule de 800 € pour un 125 cm3, inutile de vous dire que dans 80 % des cas les annonces étaient pour des scooters accidentés, avec beaucoup de kilomètres, sans double des clés, etc...

J'étais sur le point de me faire une raison et d'augmenter mon budget à 1 000 € pour tenter de trouver mieux. Et puis un jour, j'ai vu une annonce qui correspondait à mes attentes. Peu de kilomètres, prix raisonnable, bien entretenu, révision faite, ... J'avais juste un petit problème avec le prix puisqu'il était affiché à 850 €.

Je prends RDV avec le vendeur pour voir l'engin et m'assurer que tout était conforme à la description. Le scooter était nickel et 100% conforme à la description.

C'était donc le moment de commencer à couper la poire en 4 !

Première étape : Lors du RDV face à face, le vendeur me faisait comprendre (sans donner de chiffre) que le prix était négociable.

Je ne parle pas de mon budget de 800 € et je lui demande quel prix il peut faire. Il m'indique pouvoir faire un effort et baisser le prix à 750 €. Génial ! c'est déjà mieux que mon budget de 800 €.

A ce stade, je peux être content car le prix est en dessous de mon budget. Cependant, je veux quand même couper la poire en 4 et pas seulement en 2.

Seconde étape : Je laisse une journée passer, j'appelle le vendeur et je lui dis que je trouve son scooter très bien, qu'il m'intéresse mais que mon budget est de 600 €. Il y a un blanc au téléphone et le vendeur me dit : « écoutez, je vais vous dire un prix ce sera à prendre ou à laisser ». Il me propose 650 €, l'affaire était réglée !

Points clés

Ne pas dévoiler trop tôt son budget au vendeur.

Travailler en 2 temps. Temps 1 : voir quel effort le vendeur est déjà prêt à faire sans parler de votre budget. Temps 2 : Proposer de « couper la poire en 2 » MAIS à partir du prix déjà baissé par le vendeur.

EXEMPLE #2
Le petit meuble à la brocante

A Lyon (ma ville natale), il y a une « brocante » permanente que l'on appelle « Les Puces du Canal ». C'est une vraie institution, une sortie familiale pour les Lyonnais le dimanche et c'est surtout un endroit où l'on peut trouver des meubles, de la vaisselle, des œuvres d'art, etc…

Je cherchais un petit meuble pour mettre à l'entrée de mon appartement et je n'ai rien trouvé de séduisant dans les magasins traditionnels.

J'ai trouvé un petit meuble parfait aux Puces du Canal ! il avait été rénové avec goût en mélangeant subtilement plusieurs styles. Le prix affiché était de 200 € ce qui était adapté pour un meuble unique rénové mais ce qui me paraissait un peu trop élevé « juste » pour un meuble à l'entrée de l'appartement.

J'ai donc coupé la poire en 4 avec la même technique que d'habitude.

1 – On coupe la poire en 2 :

Je demande à la vendeuse si le prix est négociable. Elle répond oui et m'indique qu'elle peut baisser le prix de 10% soit 180 € au lieu de 200 €.

2 – On coupe la poire en 4 :

Je dis à la vendeuse que mon budget était de 150 € et je lui propose de couper la poire en 2 en prenant comme point de référence les 180 € annoncé.

Elle est d'accord ! Je paye donc 165 € et j'ai gagné 15 € par rapport à la remise qu'elle était prête à concéder.

Je pourrais vous lister encore de nombreux exemples réels qui ont fonctionné mais je suis certain que vous avez déjà tout compris. La plupart des exemples cités sont pour des produits mais les techniques fonctionnement également pour des prestations ou des services !

Point important, cette tactique est encore plus puissante lorsqu'elle est combinée avec d'autres techniques de base ou complexes, je vous donnerai, en fin des 2 premiers chapitres, quelques combinaisons de techniques gagnantes tirées de ma propre expérience.

Tactique Simple 3
VIS MA VIE

Cette tactique est à la croisée des chemins car elle fait partie des fondamentaux de toute négociation mais en même temps elle peut devenir très rapidement complexe et créer de la confusion. Enfin, elle ouvre également la porte vers le niveau supérieur (mon prochain livre sans doute) car elle pose les bases de tout ce qui touche aux techniques d'influence pour mieux négocier.

Comme pour les autres tactiques, celle-ci devient encore plus efficace si elle est combinée. Je rajouterais même que son principal rôle est d'agir comme un booster et qu'elle transcende l'effet des autres techniques.

Question : Avez-vous déjà entendu dire qu'il valait mieux acheter un 2 roues ou un cabriolet en hiver car les prix sont plus bas ? Ou encore vous a-t-on déjà dit qu'il valait mieux acheter une maison en hiver car il y avait moins d'acheteurs sur le marché ?

Je pense que pour la plupart d'entre vous la réponse est oui ! Le contexte extérieur (la saison, la situation économique, le jeu de l'offre et de la demande) va influencer le vendeur et il est important de les prendre en considération mais ce n'est pas tout.

La tactique VIS MA VIE va vous amener à considérer le point de vue de votre interlocuteur. Si ce n'est pas quelque chose que vous avez l'habitude de faire, il vous faudra un peu de temps pour vous y habituer. Vous verrez qu'au fil du temps, cette technique vous permettra d'improviser dans vos négociations en allant « piocher » dans la boîte à outils des différentes techniques en fonction du contexte et de la personne que vous aurez en face de vous. Elle sera également un atout important pour préparer en amont vos « grosses » négociations.

Projetez-vous, mettez-vous à la place de votre interlocuteur(trice). Réfléchissez **avec sincérité** à ce qui compte pour lui / pour elle et tentez de comprendre leurs besoins, ce qui peut les motiver ou les agacer. Posez-vous également la question sur les facteurs extérieurs qui le/la pousseraient à aller dans votre sens.

Lorsque j'ai commencé à utiliser cette tactique il y a plus de 20 ans, il m'arrivait très souvent de fermer les yeux un court instant et de vraiment m'imaginer à la place de mon interlocuteur(trice). En effectuant cet exercice **avec conviction**, je vous assure que j'ai trouvé des idées et des arguments pertinents auxquels je n'aurais jamais pensé. A force de le faire de façon récurrente, je n'ai plus besoin de faire autant d'effort pour me mettre à la place de mon interlocuteur(trice) c'est devenu naturel.

EXEMPLE #1
L'écran d'ordinateur

Je voulais acheter un écran d'ordinateur pour faire du télétravail. J'avais 2 options acheter en ligne et attendre 24H pour être livré ou alors aller chez FNAC, DARTY, BOULANGER, … pour voir les écrans en vrai et acheter directement l'écran là-bas.

J'étais pressé, je suis donc allé dans un magasin. Quand vous venez acheter un écran de PC à 150/200 € inutile de vous dire que ça ne passionne pas les vendeurs...

Tentons de nous mettre à la place du vendeur un instant :

- Son salaire est fixe et garanti quel que soient les ventes.

- Il a un « petit » bonus supplémentaire lorsqu'il vend des produits et ce bonus varie en fonction du type de produit et du prix des produits. (Avec un petit écran PC ce sont quelques Euros de bonus)

- Son pouvoir de décision pour faire des remises est très faible.

- Il a conscience que la concurrence sur Internet est une menace pour son entreprise et pour son travail à long terme.

- Il fait aussi face à la concurrence interne puisque les mêmes produits sont également vendus sur le site internet du magasin en ligne. Lorsque le produit est acheté directement sur la boutique en ligne, il ne touche pas son « petit » bonus et c'est également une menace à long terme pour son travail.

De quoi pourrait-il avoir envie / besoin ?

1 - Des clients qui ne le prennent pas de haut.

2 - Des clients qui prennent le temps d'écouter ses conseils car c'est une vraie valeur ajoutée et une marque de reconnaissance pour lui.

3 - De vendre dans le magasin pour assurer la pérennité du magasin physique à long terme et celle de son travail.

Comment ai-je abordé la situation : j'ai échangé avec lui avec respect, sans agressivité et j'ai pris le temps d'écouter ses conseils.

Lorsque mon choix était arrêté, je lui ai dit sans détour que s'il pouvait faire un petit geste commercial sur le produit, je le prenais tout de suite plutôt que d'aller voir sur le site en ligne du magasin ou chez un concurrent car j'appréciais son professionnalisme.

J'ai obtenu 10% de remise.

<u>Points clés</u>

Respect et écoute.

Ne pas demander un effort que notre interlocuteur ne saurait faire.

Lorsqu'on lit cet exemple, toute la démarche paraît sans doute un peu lourde mais je vous assure qu'après quelques essais, vous vous sentirez de plus en plus à l'aise et que ça viendra naturellement.

EXEMPLE #2
Le Canapé

Dans beaucoup d'agglomérations françaises, il existe toujours une zone dans laquelle on va retrouver une concentration importante de vendeurs de canapés, de cuisines intégrées, de meubles, etc ...

Pour la plupart des magasins de canapés (comme pour les cuisines) vous obtenez déjà une remise avant même d'avoir franchi le seuil de la porte du magasin. Le jeu consiste à afficher des prix élevés et à faire une super réduction au client pour flatter son égo et lui donner le sentiment qu'il fait une super affaire. Honnêtement, je trouve cette technique complètement nulle mais ça doit fonctionner sinon cela ferait longtemps qu'ils auraient arrêté.

Me voilà donc parti pour acheter un canapé. Après avoir fait quelques magasins, mon choix s'arrête sur un beau canapé en cuir et en nubuck. Le vendeur me dit qu'en ce moment il y a une super promo à ne pas manquer et il propose de faire -40% sur le prix affiché si je me décide tout de suite.

Mettons-nous à sa place :

- Dans ce type de magasin, les vendeurs ont un salaire fixe relativement faible et un système stimulant de commission sur les ventes.

- Il est entouré de concurrents, pour certains d'entre eux, on peut même laisser la voiture sur le parking du magasin et y aller à pied.

- Sa mega remise liée à l'opération « promo » lui donne l'avantage de dire au client qu'il a déjà fait un super effort.

- Il a une certaine autonomie et dans ces magasins, le patron/propriétaire est souvent là au cas où le vendeur ait besoin d'un coup de pouce.

- Important : Nous étions au mois de janvier, après l'euphorie des fêtes de fin d'année, les gens dépensent beaucoup moins et pour un vendeur c'est le moment où tous les compteurs sont remis à zéro ! C'est comme repartir de 0, peu importe qu'il ait fait une bonne ou une mauvaise année l'année précédente. A chaque année qui commence, il doit (re)faire ses preuves.

De quoi pourrait-il avoir envie / besoin ?

1 - Des clients qui ne le prennent pas de haut.

2 - De vendre car une bonne partie de son salaire à la fin du mois(trimestre) dépendra de ses ventes.

3 – De conclure la vente immédiatement car le risque de voir partir un client potentiel sans jamais le voir revenir est important.

Je dis au vendeur que je ne suis pas sûr à 100%.

Comment ai-je abordé la situation : Je lui précise que j'hésite avec un autre canapé que je viens de voir et que je vais sans doute retourner dans l'autre magasin pour le revoir.

Je lui demande s'il est sûr que c'est son dernier prix.

→ 1 - Il est d'accord pour faire un effort supplémentaire et me propose - 45 % !

Nous nous installons pour rédiger le bon de commande, il me demande un acompte de 30%. Je lui propose de lui donner un acompte de 50% immédiatement au lieu de 30% s'il fait un geste commercial supplémentaire.

→ 2 - Il baisse à - 50%

Ça y est le bon de commande est prêt, comme j'habite un peu loin du magasin, il avait oublié (omis volontairement ?) de me dire qu'il y avait des frais de transport à cause de la distance. Je lui dis clairement que je ne peux pas accepter. Il me dit qu'il ne peut rien faire, je lui demande dans ce cas d'aller discuter avec son patron en lui expliquant la situation.

→ 3 – Il revient quelques minutes après et m'indique qu'ils prennent en charge les frais de port. Soit environ 3% du prix du canapé.

En ayant bien pris le temps de réfléchir à ce qui comptait pour le vendeur et en me mettant à sa place j'ai pu dérouler une séquence qui m'a permis d'obtenir bien mieux qu'un client habituel.

Une fois la commande finalisée, le vendeur m'a dit : « je suis sûr que vous êtes dans le business. En tout cas, si ce n'est pas le cas, il faut vous y mettre ! »

Ce dernier exemple est également un petit avant-goût de certaines tactiques complexes comme celle de « DONNER & RECEVOIR » que je vais traiter de façon plus approfondie dans le chapitre suivant.

Enfin, dans les négociations liées au business, on dit souvent que 80% de la réussite est dans la préparation. Quoi de mieux que de se mettre à la place de notre interlocuteur(trice) pour se préparer ?!

COMBINER LES TACTIQUES SIMPLES

Pour cette fin de chapitre, je partage avec vous les combinaisons de tactiques simples qui, selon mon propre vécu, marchent le mieux. Bien entendu, les possibilités sont multiples libre à vous de les tester.

Combo #1

« OSEZ DEMANDER » + « POIRE EN 4 »

1 - En demandant un effort, sans pour autant préciser votre budget, ceci vous permettra souvent d'avoir un premier geste du vendeur.

2 – une fois que le vendeur a baissé son prix, enchaînez ensuite en indiquant votre budget et commencez la tactique de la poire en 4 <u>en prenant comme point de départ</u> le prix que le vendeur vient de baisser !

Combo #2

« VIS MA VIE » + « OSEZ DEMANDER » + « VIS MA VIE » + « OSEZ DEMANDER »

1 – Préparez-vous, connaissez le contexte et les enjeux pour votre interlocuteur. Soyez à l'écoute sans pour autant perdre de vue votre objectif.

2 – Adapter votre demande en fonction de ce que vous avez appris sur votre interlocuteur(trice), elle n'en sera que plus pertinente.

3 – En fonction de l'évolution de la discussion, réfléchissez aux autres leviers que vous pourriez activer pour obtenir un petit plus.

4 – Demandez à nouveau et apporter des arguments qui « résonnent » avec les besoins, les attentes de votre interlocuteur(trice).

Combo #3

« VIS MA VIE » + « POIRE EN 4 »

1 – Préparez-vous, définissez-vous un objectif (quantitatif ou qualitatif) avec plusieurs seuils en fonction de ce que vous pouvez connaître sur les besoins de votre interlocuteur(trice)

2 – Organisez votre stratégie et les demandes de votre « POIRE EN 4 » en fonction de ce que vous avez préparé dans le point 1

Bravo, vous avez terminé le premier chapitre dédié aux tactiques simples. Bienvenue dans le monde de la négociation. Je ne le répèterai jamais assez, lancez-vous car rien ne vaut la pratique !

Bien sûr, au début, vous allez vous sentir un peu mal à l'aise et vous allez vous prendre quelques « gamelles » mais en même temps on n'a rien sans rien ! Avant de savoir faire du vélo, on est tous tombé et bien ce sera pareil ici.

J'attire votre attention sur quelques points :

- Plus vous pratiquerez, plus ce processus va devenir naturel et plus vous allez monter en puissance et en compétence pour négocier.

- Même si au départ, votre taux d'échec sera proche de 90%, ça voudra quand même dire que vous aurez gagné quelque chose dans 1 cas sur 10 ! (C'est toujours mieux que rien non ?)

- Si vous voulez faire une pause dans le livre et apprendre les tactiques complexes un peu plus tard aucun problème. En revanche, lisez impérativement le quatrième chapitre sur mes échecs, cela vous évitera de reproduire certaines de mes erreurs.

CHAPITRE 2
Tactiques complexes

Cette seconde partie va se focaliser sur des approches plus complexes car elles vont utiliser beaucoup plus de subtilités et des techniques qui nécessitent plus d'efforts de préparation ainsi qu'une maîtrise des fondamentaux de la partie 1.

Même si ces tactiques peuvent également être utilisées dans n'importe quelle négociation, la plupart d'entre-elles seront pertinentes pour des « gros » achats.

Point important, ces tactiques complexes se combinent de façon quasi obligatoire avec des tactiques simples et/ou d'autres tactiques complexes.

Enfin, les 3 tactiques que nous allons voir ensemble sont en quelque sorte une mini introduction vers le monde de la négociation « Experte » que j'aborderai très brièvement à la fin de ce livre.

Tactique Complexe 1
LE SILENCE EST D'OR

Je commence avec cette tactique car elle est à la frontière entre les tactiques simples et complexes. J'ai décidé de la mettre dans les tactiques complexes car elle fait appel à plusieurs points.

Tout d'abord, il faut avoir entamé une discussion/négociation pour utiliser cette technique et donc avoir déjà engagé une tactique simple. Ensuite, c'est une question de dosage, de timing, de psychologie, de « courage » et d'expérience pour en tirer les meilleurs bénéfices.

Comme pour les autres techniques, le plus important sera de vous jeter à l'eau et tant pis si ça ne marche pas tout le temps ou du premier coup.

Avez-vous déjà vécu des situations dans lesquelles il y a un silence qui se prolonge ? Pour bon nombre de personnes, c'est inconfortable et il est très fréquent qu'après un court instant l'un des participants se mette à parler pour meubler la conversation, pour combler le vide.

Connaissez-vous des gens qui sont plutôt introvertis, qui parlent peu ? Peut-être êtes-vous vous-même ce type de personne. Ce n'est pas toujours facile de passer du temps avec ce type de personne car il y a des longs moments de pause où l'on ne se dit absolument rien. Même si l'on connaît bien la personne, cela peut parfois nous mettre mal à l'aise et on se sent obligé de « combler » le vide en parlant.

Que vous soyez introvertis ou non, je vais vous expliquer comment cette technique peut vous permettre d'obtenir des meilleurs deals.

La tactique du « SILENCE EST D'OR » est simple. Dans certaines de vos négociations, vous allez vous retrouver à un moment où vous aurez demandé au vendeur de faire un effort et celui-ci va vous répondre NON.

Avec le temps et l'expérience, en fonction de la tonalité, du contexte, du langage corporel de votre interlocuteur(trice), vous allez pouvoir reconnaître si ce NON est définitif ou bien si une petite ouverture existe.

Si le vendeur(euse) vous répond NON, utilisez la tactique du « SILENCE EST D'OR » et ne dites rien. Même si ça doit durer 20, 30 ou 40 secondes, laissez planer ce moment juste après qu'il/elle vous ait donné une réponse négative.

Avant qu'il/elle formule ce NON, tout se passait bien, vous échangiez ensemble de façon fluide, conviviale et sans friction car vous aviez un intérêt commun. Le fait que vous laissiez ce silence s'instaurer après ce NON va vous apporter au **moins 4 avantages :**

1 – Vous cassez le rythme et vous (re)prenez la main en indiquant, inconsciemment, au vendeur que c'est vous et vous seul qui décidez. Le vendeur a un objectif principal : Vous vendre ! Jusqu'à présent, la discussion fluide avec vous lui permettait de visualiser qu'il se rapprochait tranquillement de son objectif. En cassant ce rythme, tout devient très incertain pour lui.

2 – Vous instiguez le doute dans l'esprit du vendeur. Il va se dire : « est-ce que je vais perdre le client. Est-ce que je ne devrais pas faire quelque chose »

3 – Vous allez laisser le vendeur parler en premier pour casser ce long silence. A ce moment-là, certains vont choisir de vous donner plus d'arguments pour expliquer ce NON, d'autres vont vous proposer des solutions alternatives et d'autres vont vous dire que finalement ils veulent bien faire un effort parce que ça serait dommage de ne pas faire affaire avec vous.

4 – Vous avez le temps de réfléchir à vos autres options pendant ce silence pour : soit continuer à négocier, soit arrêter la négociation ou alors accepter de payer au prix affiché si le vendeur ne change pas d'avis.

EXEMPLE #1
La petite Toyota hybride

Nous voulions acheter une petite Toyota Hybride d'occasion avec un budget limité. Nous étions en plein été 2021, le marché de l'automobile était en plein boom, les voitures neuves avaient des délais de livraison de plusieurs mois ce qui avait pour conséquence de mettre le marché des voitures d'occasion sous tension.

Je ne vous donne pas plus de détails sur le contexte puisque je reviendrai plus tard sur cet exemple dans mes échecs/apprentissages car je ne peux dire que ce fût la meilleure des négociations.

Pour faire simple, une seule voiture du parc d'occasion du gros concessionnaire Toyota de la région correspondait à nos attentes esthétiques, budgétaires et kilométriques.

En fin de « négociation », j'étais extrêmement frustré car l'ensemble de nos demandes avaient eu comme réponse un NON franc et direct. En clair, les concessionnaires à cette époque ne savaient plus où donner de la tête tant la demande était forte.

A la signature du bon de commande, j'ai à nouveau demandé au vendeur s'il était sûr de ne pas vouloir faire d'effort. Même réponse NON ! Nous avions le stylo à la main prêt à signer. J'ai tenté la tactique du « SILENCE EST D'OR » et pendant de longues secondes nous avons marqué une pause.

Au bout de 20/30 secondes, toujours dans ce silence assourdissant, le vendeur s'est mis à tapoter sur son clavier de PC. Au bout d'un minute, il nous dit : Vous savez quoi, je ne peux rien faire sur le prix mais je vous propose de vous offrir les tapis, la carte grise et le plein d'essence à la livraison.

C'est une petite victoire certes mais elle illustre bien la puissance de la technique du « SILENCE EST D'OR ». Dans 95% des cas, je suis prêt à parier que les gens se seraient résignés à signer le bon de commande en l'état.

EXEMPLE #2
Le Bungalow

Il y a quelque temps, j'avais fait un week-end entre potes dans un camping du sud de la France. L'endroit et les prestations proposées m'avaient beaucoup plu, je voulais donc y emmener ma petite famille pour les vacances d'été.

Nous savons tous que les campings en été sur la Côte d'Azur sont complets et qu'ils n'ont pas besoin de courir après les clients pour faire le plein. En d'autres termes, imaginer pouvoir négocier un prix sur cette période est mission (quasi) impossible.

Pourtant, j'ai quand même décidé de tenter ma chance. Point important à préciser, j'ai pris ma décision de venir dans ce camping et j'ai discuté en face à face avec la responsable des réservations lors de notre week-end entre potes. Nous étions donc plusieurs mois avant le démarrage de la haute saison.

Je commence donc la discussion avec la responsable des réservations sur place, après avoir sélectionné la période, l'emplacement, le type de Bungalow et les prestations payantes additionnelles.

Bien évidemment, j'avais appliqué la tactique « VIS MA VIE » et je voyais bien au fil de notre conversation que mes chances étaient faibles surtout car le pouvoir de décision de mon interlocutrice était très limité. Néanmoins, j'avais décelé une motivation/satisfaction de sa part de voir que l'endroit me plaisait et que je voulais revenir avec ma famille en été.

Fidèle à moi-même, au moment de la signature de la réservation, j'applique la tactique « OSEZ DEMANDER » en demandant de façon très directe une réduction sur le prix étant donné que nous restions 2 semaines. La réponse ne s'est pas fait attendre : « Je ne peux pas » m'a-t-elle dit.

Important ! Mon interlocutrice n'a pas dit « non » elle a dit « je ne peux pas ». La différence est importante car elle indique que si ça ne tenait qu'à elle, elle ferait sans doute quelque chose. C'est à ce moment-là que la technique du « SILENCE EST D'OR » + « VIS MA VIE » sont à manier avec subtilité pour :

-1- réfléchir soi-même sur la suite que l'on veut donner à cette discussion et éventuellement préparer d'autres arguments,

-2- laisser à notre interlocutrice le temps de se poser toutes les questions à elle-même.

Après plusieurs dizaines de secondes sans échange, je décide de reprendre la conversation car j'ai eu une idée pendant ce silence. De plus, je sens bien que mon interlocutrice ne pourra absolument rien faire.

Je lui propose dans ce cas de nous attribuer le même modèle de Bungalow mais sur un emplacement beaucoup mieux placé proche de la plage, des restaurants et des espaces de jeux pour les enfants et je demande également de nous offrir la prestation ménage en fin de séjour.

Sa réponse : elle ne peut rien faire sur la prestation ménage. En revanche, elle sort la carte du camping, me montre les meilleurs emplacements sur lesquels elle est mesure de nous proposer le même type de Bungalow. Je valide sans hésitez ! Plus tard, lorsque nous étions en vacances, j'ai pris le temps de regarder l'écart de prix entre les emplacements standard et celui qu'elle nous avait attribué. Vous savez quoi ? L'écart était de 10% !

Les résultats d'une négociation ne se mesurent pas uniquement aux Euros que vous avez économisés. Ce qu'il faut regarder c'est la photo globale !

Tactique Complexe 2
DONNER & RECEVOIR

Cette technique est très puissante mais elle nécessite **systématiquement une préparation méticuleuse** et la combinaison de beaucoup de tactiques vues précédemment à utiliser au gré de l'évolution de vos discussions.

Si les précédentes techniques étaient relativement accessibles, avec celle-ci et la suivante vous allez passer au niveau PRO !

Beaucoup de choses dans notre monde fonctionne sur l'échange. On donne de l'argent pour acheter du pain, les arbres captent le CO^2 pour donner de l'oxygène, on travaille pour recevoir un salaire, on donne de l'amour pour (essayer ?) d'en recevoir, etc…

Ceci n'est pas une critique du système, je formule juste des observations.

En négociation aussi ça fonctionne comme cela. Il est fréquent que pour telle ou telle concession le vendeur exige que vous fassiez également certains efforts.

Tout est une histoire de préparation et de calibration.

Nous avons touché du doigt la préparation avec la technique « VIS MA VIE » mais on peut (on doit) aller beaucoup plus loin si on veut tirer le meilleur profit de nos négociations.

Pour introduire l'approche « DONNER & RECEVOIR » nous allons commencer par un petit tableau qui va nous servir de point d'ancrage.

Avant chaque négociation pour laquelle vous voulez utiliser cette tactique, parcourez le tableau et notez dans les cases ce qui vous vient à l'esprit lorsque vous pensez à la prochaine rencontre. Mettez-vous à la place de vos interlocuteurs en essayant d'anticiper la plupart des demandes qu'ils pourraient formuler dans la colonne de GAUCHE. Ensuite, listez vos arguments et concessions possibles pour chacun des points dans la colonne de DROITE.

ANTICIPER LES DEMANDES DE CONCESSIONS DE VOS INTERLOCUTEURS	CONTREPARTIES À DEMANDER POUR CHAQUE CONCESSION (que vous ferez)
FACILES & PEU COÛTEUSES (pour vous)	
COÛTEUSES MAIS POSSIBLES (pour vous)	
INACCEPTABLES (pour vous)	

Règle #1 : Ne faites jamais de concessions immédiates. Vous devez toujours répondre aux demandes de concessions de la partie adverse par des arguments précis (ré)expliquant pourquoi il est difficile de répondre favorablement à sa demande.

En agissant de la sorte, vous préparez psychologiquement vos interlocuteurs à la suite de la discussion en leur faisant comprendre que vous avez des arguments solides et que tout effort de votre part aura un « coût » / une contrepartie.

Règle #2 : Adaptez vos contreparties en fonction des concessions qui vous sont demandées. Lors de votre préparation, vous avez anticipé certaines demandes de vos interlocuteurs. MAIS toutes n'ont pas la même valeur, toutes ne vont pas vous demander le même effort et enfin toutes ne sont pas forcément acceptables pour vous.

Pour chacune des concessions pré-identifiées, listez en face les contreparties que vous pourriez demander à votre client. Plus les demandes de vos interlocuteurs sont importantes, plus les contreparties que vous allez demander doivent être importantes.

Règle #3 : Fixez-vous des limites AVANT de rentrer dans la discussion. En d'autres termes, fixez-vous un objectif à atteindre (ou à ne pas dépasser), si vous pressentez que certaines demandes de vos interlocuteurs seront au-delà de ce que vous pouvez/voulez faire. Listez-les et sachez fermer la porte de façon ferme et définitive à vos interlocuteurs si les limites sont dépassées. Mieux vaut ne pas faire de deal que faire un mauvais deal.

Règle #4 : Faites le maximum pour finaliser l'accord le jour de la discussion ! Préparez en amont les éléments qui pourraient vous empêcher de valider fermement l'achat ou la vente. Pourquoi est-ce important ? Tout simplement parce que si vous ne le faites pas, cela veut dire que vous allez laisser plus de temps à vos interlocuteurs pour réfléchir à vos échanges avec le risque qu'ils vous redemandent des concessions le jour ou vous vous reverrez pour officialiser votre accord. Pire encore, si vous n'êtes pas le seul, une autre personne pourrait profiter de ce timing pour faire l'affaire avant vous.

Entendons-nous bien, je ne parle pas forcément de signer des contrats ou tous les documents légaux immédiatement. Faites juste en sorte que les termes de votre accord soient figés et validés par vos interlocuteurs. Un petit E-mail résumant l'accord ou bien un engagement moral et clairement exprimé par votre interlocuteur à la fin de la discussion ou encore quelques lignes sur une feuille A4 signée par vous et votre interlocuteur sont autant de possibilités pour figer un accord.

J'ai utilisé cette tactique à de très nombreuses reprises seul ou avec mes équipes pour des grosses négociations mais je l'ai également utilisée dans ma vie perso pour des gros achats. Je peux vous assurer que dans 90% des cas le résultat final était mieux que la limite basse que je m'étais fixée.

Malgré son apparente complexité, cette tactique peut également s'utiliser au quotidien et s'il s'agit de « petites » négociations, vous pouvez tout à fait vous préparez rapidement dans votre tête et passer en revue les 4 règles.

EXEMPLE

Il serait trop long et trop complexe de vous donner tous les détails d'une situation dans laquelle j'ai utilisé cette technique mais je vous propose ci-dessous une simulation d'utilisation du tableau pour illustrer son utilisation opérationnelle.

ANTICIPER LES DEMANDES DE CONCESSIONS DE VOS INTERLOCUTEURS	CONTREPARTIES À DEMANDER POUR CHAQUE CONCESSION (que vous ferez)
FACILES & PEU COÛTEUSES (pour vous)	* Gratuité pour les cartes bleues pendant minimum 6 mois (tenter de demander 12 mois)
* Transférer les comptes courants vers la nouvelle banque.	
* Transférer le livret A vers la nouvelle banque.	* Réduction ou annulation des frais de tenue de compte de façon permanente.
COÛTEUSES MAIS POSSIBLES (pour vous)	* Pour des garanties équivalentes ou supérieures il faut que les prix des assurances soient plus compétitifs que ce que nous payons aujourd'hui.
* Prendre un nouveau placement.	
* Ouvrir une assurance vie ou un plan épargne retraite dans la nouvelle banque.	
* Changer les assurances (auto, maison, ...) pour prendre celles de la nouvelle banque.	* Abondemment ou chèque cadeau de la banque si nous ouvrons un nouveau placement.
INACCEPTABLES (pour vous)	* Possibilité d'avoir un prêt modulable (sans changer le taux mais en augmentant la durée)
* Payer des frais de tenue de compte très élevés.	
* Prendre un prêt à taux variable.	* Si PEA ou Compte titres, négocier la baisse des frais de courtage et de tenue de compte.
* Faire une hypothèque.	

Tactique Complexe 3
JEU DE RÔLE

N'avez-vous pas déjà vécu une situation avec votre conjoint(e), vos enfants dans laquelle vous avez dit ou dans laquelle on vous a dit : « surtout ne montre pas que tu es intéressé sinon le vendeur ne va pas nous faire de réduction » ?

Ou encore, n'avez-vous pas fait la moue et fait « semblant » de trouver un peu « bof » une voiture, un canapé, une maison, un appartement, un tableau, etc… que vous vouliez acheter afin de ne pas montrer au vendeur que vous étiez très intéressé ?

Dans ces deux premières situations, j'ai envie de dire ces techniques sont quasiment inefficaces car tout le monde le fait et la plupart des personnes surjouent le côté « pas intéressé » ce qui le rend inauthentique.

Pour terminer, n'avez-vous jamais entendu dire que dans la vie, il faut être soit même et que l'habit ne fait pas le moine ? Je partage complètement ce point de vue, cependant, il ne faut jamais oublier quelques éléments qui font partie de notre subconscient :

- Que ça vous plaise ou pas, les gens vous jugeront et mettront maximum 10 secondes à vous catégoriser (la plupart du temps ce processus est réalisé inconsciemment)

Si c'est une rencontre physique, votre style vestimentaire, les premiers mots que vous prononcerez et parfois même votre « odeur » seront les principaux critères qui amèneront votre interlocuteur(trice) à vous catégoriser.

Si c'est au téléphone, votre voix, l'intonation de vos premiers mots, votre style d'expression et parfois les bruits de fond seront à coup sûr les facteurs « catégorisants » pour votre interlocuteur(trice).

Mon message ici c'est : **dans une négociation TOUT COMPTE !**

Au-delà des techniques et des tactiques, gardez systématiquement en tête que vous serez rapidement « jugé » et « catégorisé » sans pour autant que ce soit négatif. Ayez conscience de ces éléments et utilisez les pour renforcer votre position.

La tactique du « JEU DE RÔLE » a pour objectif de vous aider à préparer votre prochaine discussion pour vous rapprocher le plus possible de la situation réelle et de tester vos arguments, votre stratégie, votre posture.

Si vous êtes plusieurs, elle permet également de jouer avec le contexte et de définir des rôles et des actions à chacun d'entre vous pour renforcer l'impact de vos demandes, apporter le doute dans l'esprit de votre interlocuteur avec toujours le même objectif : acheter (ou vendre) mieux.

Point important : je ne vous demande pas de vous transformer, de renier vos valeurs ou encore de mentir. Ce que je souhaite, c'est que vous connaissiez les éléments de contexte et que vous sachiez ce qui peut vous servir ou vous desservir.

Dans les prochains exemples, je vais volontairement me focaliser sur des exemples très simples mais sachez que, comme pour toutes les tactiques complexes, celle-ci est encore plus pertinente pour les « gros » achats/ventes.

EXEMPLE #1
Le prêt de l'appartement

Comme beaucoup d'entre vous, lorsque nous avons voulu acheter notre appartement, il a fallu aller voir le(s) banquier(s) pour obtenir un prêt. Nous avons commencé avec le processus habituel de consultation des banques, des courtiers, etc...

Par la suite, nous avons sélectionné les 3 offres les plus intéressantes sans nous focaliser uniquement sur le taux car ce n'était pas le seul critère important à nos yeux.

Jusqu'à présent, le processus décrit est similaire à ce que la plupart d'entre vous vivent ou ont vécu.

Bien évidemment, les 3 rendez-vous ont été préparés avec un peu de « VIS MA VIE » et de « DONNER & RECEVOIR » mais également avec « JEU DE RÔLE ».

En effet, en fonction des objectifs que nous nous étions fixés et des arguments que nous avions anticipés, nous soufflions « le chaud et le froid » en face des banquiers.

Nous n'hésitions pas non plus à être en opposition l'un et l'autre lors du RDV face au banquier afin d'instiguer le doute dans la tête de notre interlocuteur(trice). Puis quelques instants plus tard, l'un d'entre nous se plaçait (virtuellement) du côté du banquier en disant par exemple : « aidez-moi à le convaincre que c'est avec vous qu'il faut signer ».

Comme vous vous en doutez, absolument TOUT avait été préparé d'avance !

Je ne donnerai pas de détails sur ce que nous avons obtenu, mais c'était un excellent deal pour nous. Je peux vous assurer que le conseiller de la banque qui nous a suivi les 3 années suivantes n'a pas cessé de nous dire que nous avions eu des conditions exceptionnelles.

Soit dit en passant, nous n'avons pas juste focalisé notre attention sur le taux mais sur l'ensemble de ce que la banque offrait (cartes, comptes, assurances, etc...)

EXEMPLE #2

La paire de chaussures de running

J'adore cet exemple ! En vérité, absolument rien n'était préparé. Pas de « JEU DE RÔLE » ou d'autres tactiques, tout a été spontané.

Pourquoi je choisis cet exemple alors ? Parce qu'il a été inspirant pour la suite et qu'il a donné lieu à plusieurs « JEU DE RÔLE » en famille qui nous ont systématiquement permis d'améliorer notre quotidien ou de faire des économies.

L'exemple : Me voilà motivé pour m'inscrire à un semi-marathon. Courir régulièrement peut-être traumatisant pour le corps à cause des micro-vibrations que chaque foulée diffuse dans votre corps. Si vous connaissez des coureurs ou si vous l'êtes vous-même, vous savez de quoi je parle. Au-delà de bien écouter et ménager son corps, l'accessoire essentiel est une bonne paire de chaussures de running.

Coureur occasionnel, j'achetais mes chaussures dans des chaînes de magasins de sport sans trop me casser la tête. Pour ma préparation et cette distance, je suis parti en quête d'une nouvelle paire de basket un samedi matin avec l'une de mes filles qui devait avoir 8 ans.

Premier magasin, je regarde et j'essaye des chaussures dans une grande chaine de magasin de sport. Moment complice avec ma fille, elle me donne son avis, me pose des questions sur les raisons pour lesquelles je cherche des baskets et nous finissons par choisir un modèle. Néanmoins, je ne l'achète pas car un petit doute persiste. Je veux avoir le top pour courir mes premiers 21 km.

Pas loin de ce grand magasin, je savais qu'il y avait un magasin spécialisé dans le running, je me décide d'y aller car je me dis que j'aurai des conseils personnalisés.

Nous allons donc dans ce magasin et après discussion avec le vendeur, mon choix s'arrête sur un modèle. C'est à ce moment-là que ma fille me dit devant le vendeur : « papa pourquoi tu prends ces chaussures ? Les autres baskets dans l'autre magasin étaient mieux en plus elles avaient une bulle d'air ! » instinctivement je réponds : « tu as raison mon choix n'est pas encore fait » puis je me tourne instantanément vers le vendeur et je lui dis : « Vous pouvez faire un geste sur le prix ? »

Devinez-quoi, j'ai eu une belle réduction !

Nous aurions tout à fait pu préparer ce « JEUX DE RÔLE » même s'il aurait sans doute été moins spontané et un peu manipulateur avec une petite fille de 8 ans. En tout cas l'expérience a été inspirante. D'ailleurs, maintenant que mes enfants s'approchent de la majorité, nous préparons quelques « JEU DE RÔLE » lorsque certains de nos achats (ou ventes) le nécessitent.

Cette tactique est une belle introduction à d'autres techniques de négociation plus avancées et si ce premier livre trouve son public, je prendrai le temps d'en écrire un second sur le niveau expert de négociation afin de partager avec vous ces autres tactiques.

COMBINER LES TACTIQUES COMPLEXES & SIMPLES

Comme pour la fin du premier chapitre, je vais vous donner quelques combinaisons qui ont le mieux fonctionné.

Comme toujours, les possibilités sont multiples et tout ne s'arrête pas aux seules tactiques qui sont dans ce livre.

Combo #1

« DONNER &RECEVOIR » + « JEU DE RÔLE »

1 – Préparez votre tableau « DONNER & RECEVOIR » seul, avec votre famille ou votre équipe en faisant un bon « brain stroming » pour identifier un maximum de possibilités sur les arguments, les concessions et les limites à fixer.

2 – Répartissez-vous les rôles du « JEU DE RÔLE » pour donner plus de poids à vos arguments ou encore pour souligner l'impact qu'implique une concession. Certaines personnes vous diront qu'il suffit de jouer « au GENTIL & au MÉCHANT » mais votre tactique sera bien plus pointue car vous allez l'organiser grâce à « DONNER & RECEVOIR »

Combo #2

« OSEZ DEMANDER » + « DONNER & RECEVOIR » + « SILENCE EST D'OR »

1 – Comme nous l'avons déjà vu, il ne faut pas hésiter à utiliser « OSEZ DEMANDER » au quotidien. En ayant fait l'exercice de préparation avec « DONNER RECEVOIR », vous devez avoir le capital confiance nécessaire pour savoir quoi demander à quel moment.

2 – Agrémentez vos séquences avec la tactique du « SILENCE EST D'OR » pour en lâcher le moins possible si vous devez faire des concessions et surtout obtenir des contreparties de vos interlocuteurs pour chacun effort que vous ferez de votre côté.

Combo #3

« DONNER & RECEVOIR » + « POIRE EN 4 »

Comme vous pouvez l'observer, la technique « DONNER & RECEVOIR » est une véritable « plateforme » pour utiliser l'ensemble des autres techniques apprises précédemment.

1 – Lors de la préparation de votre future discussion avec « DONNER & RECEVOIR » anticipez les concessions possibles avec pour objectif d'obtenir les meilleures contreparties.

2 – La tactique de la « POIRE EN 4 » va vous aider à ce que la partie adverse vous donne plus de contrepartie par rapport à l'effort que vous allez devoir faire. En d'autres termes, vous tirerez plus de bénéfice que vos interlocuteurs car vous serez prêts et car vous saurez exactement où sont vos limites.

3 - La « POIRE EN 4 » peut-être un processus itératif ! Ce qui veut dire que vous pouvez l'utiliser à plusieurs reprises et sous d'autres formes. (Si vous réutilisez « POIRE EN 4 » dans une même négociation, pensez à changer votre formulation afin que votre interlocuteur ne puisse pas identifier que vous utilisez la même technique)

Nous voilà à la fin de ce chapitre. Même si j'ai qualifié ces techniques de complexes, elles ne le sont pas tant que ça ! Comme d'habitude, c'est en pratiquant et en vous forçant à le faire au tout début que vous allez vous familiariser avec ces tactiques. Avec le temps, vous les utiliserez entièrement ou partiellement sans même vous en rendre compte et vous obtiendrez des résultats tangibles !

Vous l'avez sans doute remarqué, j'ai démarré ce livre avec une approche où vous étiez dans le rôle de l'acheteur, néanmoins, au fil des exemples, il m'est arrivé de mentionner que votre position initiale pouvait être celle de l'acheteur OU celle du vendeur.

Dans le prochain chapitre, nous allons revoir certaines tactiques en se positionnant cette fois-ci du point de vue du vendeur. En effet, gagner du pouvoir d'achat c'est aussi vendre plus cher, il est donc pertinent de vouloir utiliser ces mêmes techniques pour réussir vos ventes au meilleur prix.

CHAPITRE 3
La position du vendeur

La plupart des techniques que nous avons couvertes précédemment peuvent s'utiliser quelle que soit la position que vous occupez dans la discussion. Elles doivent aussi vous permettre d'anticiper et de contrecarrer les interlocuteurs qui utilisent ce type de techniques en face de vous.

Les points soulignés en fin d'introduction au tout début du livre dans le paragraphe « A avoir en tête avant de négocier » restent valables lorsque vous êtes vendeur. Je ne reviendrai donc pas dessus.

Passons en revue chacune des tactiques et laissez-moi vous expliquer les bénéfices que vous pourriez en tirer si vous êtes dans la position du vendeur. Dans plusieurs cas, vous remarquerez que certaines techniques peuvent être contrées par d'autres techniques !

1 – « OSEZ DEMANDER »

Si vous êtes vendeur, et que votre prix est connu d'avance, cette tactique n'a pas d'intérêt à être utilisée. En revanche, le fait que vous connaissiez cette technique peut vous permettre d'anticiper le fait que certains de vos acheteurs vont l'utiliser.

Ma recommandation dans ce cas si vous êtes vendeur : Préparez vos arguments et vos éventuelles concessions et demandes de contreparties en utilisant « DONNER & RECEVOIR » et « VIS MA VIE »

Dans le cas où vous êtes vendeur et que le prix n'est pas connu d'avance, vous pouvez utiliser « OSEZ DEMANDER » pour définir un prix plus élevé, cette approche est à manier avec précaution car si on commence avec un prix aberrant la vente sera terminée avant même d'avoir commencée.

Ma recommandation dans ce cas : Combinez « VIS MA VIE » pour définir le prix de départ et utilisez « DONNER & RECEVOIR » pour piloter la suite de la discussion.

2 – « COUPER LA POIRE EN 4 »

Cette tactique peut sans aucun problème être utilisée du côté du vendeur mais pas de la même façon que lorsque vous êtes côté acheteur. L'avantage, c'est que vous la connaissez et que vous pouvez donc adapter votre stratégie en conséquence.

Première option : anticipez en définissant un prix plus élevé au départ pour être certain que si votre interlocuteur vous embarque dans cette tactique « COUPER LA POIRE EN 4 », le prix final que vous aurez accordé soit au niveau du prix que vous vous étiez fixé en objectif.

Ma recommandation : Utilisez « VIS MA VIE » pour définir le prix de départ et pourquoi pas « SILENCE EST D'OR » ou « DONNER & RECEVOIR » pour obtenir des concessions.

Seconde option : votre client vous indique son budget dès le départ, il vous propose de couper la poire en deux, vous accordez une remise (moins importante) en coupant la poire en 4. Par exemple le produit est affiché 500 €, le client a un budget de 400 € et vous propose de couper la poire en deux à 450 €. Vous refusez en proposant de couper la poire en deux à 475 €. Certes, vous perdez toujours 25€ en tant que vendeur mais vous limitez vos pertes.

Ma recommandation : utilisez « DONNER & RECEVOIR » pour obtenir si possible une autre contrepartie pour les 25 € que vous avez offerts au client.

3 – « VIS MA VIE » - « SILENCE EST D'OR » - « DONNER & RECEVOIR » - « JEU DE RÔLE »

Ces quatre techniques sont des tactiques miroir, c'est-à-dire qu'elles s'utilisent dans la position du vendeur ou de l'acheteur sans aucune distinction. Comme précédemment, elles peuvent (doivent) être combinées avec d'autres techniques pour révéler toute leur efficacité.

Avec « VIS MA VIE » le vendeur sera à l'écoute du client, pour les plus aguerris d'entre eux, ils auront pu observer et collecter l'ensemble des signaux faibles qui vont leur permettre de dégainer les bons arguments et les bonnes tactiques au bon moment.

Pour le « SILENCE EST D'OR », nous avons déjà vu un peu plus tôt toute son utilité combinée avec d'autres techniques pour reprendre la main sur la discussion.

Enfin, vous ne devriez pas avoir de mal non plus à vous projeter en tant que vendeur utilisant les techniques « DONNER & RECEVOIR » et « JEU DE RÔLE ».

CHAPITRE 4
Ce que j'ai appris de mes échecs

Il y a 15 ans environ, j'ai lu le livre d'un auteur américain qui expliquait comment être plus performant que les autres. Un de ses tout premiers conseils, c'était « Learn to explore the graves » littéralement : apprenez à explorer les tombes. Il insistait sur le fait que l'on apprenait parfois plus des échecs que des réussites.

Les trois premiers chapitres sont importants mais ils ne servent à rien si je ne vous parle pas de mes échecs, de ce que j'ai appris lors de mes négociations manquées.

Bien évidemment, ce n'est pas exhaustif et il y a encore plein d'erreurs que je n'ai pas encore commises. L'objectif ici est de vous faire gagner du temps en vous évitant de trébucher sur les mêmes obstacles que moi.

Observation #1 :
Être ambitieux oui ! Mais pas n'importe comment.

Dans certaines de mes négociations, il m'est arrivé de formuler des demandes tellement élevées que mes interlocuteurs n'ont même pas pris la peine de me répondre.

Vous avez peut-être déjà expérimenté ce type de situation en étant vous-même vendeur. Par exemple, vous avez un stand dans une brocante de quartier ou bien vous mettez une annonce sur LEBONCOIN et puis une personne vous propose un prix ridiculement bas ! En tant que vendeur ça vous énerve et vous êtes ensuite rarement disposés à entamer une discussion avec la personne.

J'ai perdu certaines belles opportunités car mon exigence de base était totalement inappropriée. Grâce à « VIS MA VIE » et « JEU DE RÔLE », je cerne désormais bien mieux où je peux positionner mon ambition.

Observation #2 :
Choisir ses batailles.

Un peu comme la précédente observation, à trop vouloir, on finit par ne rien avoir. Il y a des situations dans lesquelles j'ai voulu gagner sur tous les tableaux et finalement soit j'ai tout perdu soit je n'ai rien obtenu de mon interlocuteur. C'est pour cela que j'ai créé la technique « DONNER & RECEVOIR » car il faut parfois perdre certaines batailles pour remporter la victoire finale.

Il ne s'agit pas ici du très galvaudé concept Gagnant/Gagnant ! Ce qui important, c'est que la perception de vos interlocuteurs soit positive sur votre accord. Si, dans une grosse discussion, ils ont l'impression de devoir faire tous les efforts, vous n'irez pas bien loin.

Observation #3 :
Être respectueux, sincère et direct.

Il m'est arrivé d'aborder certaines discussions en tant que vendeur ou acheteur avec de la condescendance vis-à-vis de mes interlocuteurs. Les effets ont été dévastateurs et je peux vous assurer que la personne en face de moi faisait un point d'honneur à ne pas lâcher un centime en ma faveur.

A contrario, il m'est aussi arrivé d'en faire trop et d'être un peu trop « mielleux » avec beaucoup de blabla avant de rentrer dans la vraie discussion. Ici aussi, l'effet escompté n'a pas été atteint bien au contraire. Soit mes interlocuteurs ont trouvé que ça sonnait faux et ils n'étaient pas en confiance, soit mes interlocuteurs m'ont trouvé « faible » et ils se sont sentis suffisamment forts sur leur position pour ne pas faire d'effort.

Là aussi, j'ai pris des bonnes « claques » et j'ai eu des grosses déceptions. Après tout je l'avais bien cherché.

Avec le temps je suis devenu plus direct, plus clair sur mes intentions et plus authentique avec mes interlocuteurs sans pour autant leurs manquer de respect.

Observation #4 :
Informer, briefer mes proches ou mon équipe.

Petit exemple pour ce point. Ce week-end, j'étais avec ma femme chez DARTY pour acheter un écran d'ordinateur (ce n'est pas le même écran que celui du chapitre 1). Nous avons choisi d'aller en magasin car elle le voulait tout de suite.

Nous choisissons un écran DELL à 189 € et nous allons voir la vendeuse. Elle nous dit qu'elle n'en a plus en stock mais qu'elle peut nous proposer une alternative. C'est un écran PHILIPS plus performant mais à 209 €.

J'avais déjà mon plan de négociation en tête : j'allais parler du concurrent FNAC, d'Internet et lui faire appeler son responsable pour qu'il puisse nous faire un geste commercial.

Je commence avec « OSEZ DEMANDER » en disant : « nous voulons le DELL à 189 € et vous nous proposez le PHILIPS à 209 €, pouvez-vous faire un geste pour l'écart de prix ? »

La vendeuse répond : « sur l'informatique je ne peux rien faire ! »

J'allais enchaîner avec la suite des arguments mais ma femme m'a dit devant la vendeuse « arrête de l'embêter, c'est bon je le prends comme ça ». Si j'avais briefé ma femme avant la discussion avec la vendeuse, elle m'aurait laissé aller au bout et nous aurions, j'en suis certain, gagné 20 €.

Certes nous ne parlons que de 20 € mais ils sont toujours mieux dans notre poche que dans celle des autres. De plus, nous aurions payé un écran plus performant au prix du DELL.

Bref, je sais que mes proches sont régulièrement mal à l'aise lorsque je commence par « OSEZ DEMANDER » c'est ce qui explique l'attitude de ma femme malgré le fait qu'elle sache que je fais ça tout le temps.

Rétrospectivement, tout n'est pas perdu :

- La vendeuse nous a donné un indice en disant qu'elle ne pouvait rien faire elle-même sur l'informatique. Ceci sous-entend que les vendeurs/vendeuses de chez DARTY ont des marges de manœuvre à leur niveau pour les autres catégories de produits.

Observation #5 :
Toujours se laisser une porte de sortie.

Dans plusieurs négociations, il m'est arrivé de m'enfermer dans une posture ou de formuler mes demandes sans aucune possibilité d'alternative pour moi ou pour mon interlocuteur. Dans ce cas-là : ça passe ou ça casse !

Par exemple dire : « à prendre ou à laisser » - « c'est ma dernière offre »

Je m'en suis mordu les doigts dans plusieurs situations car je voulais absolument acheter ou vendre à mon interlocuteur mais en ayant ce discours, je pouvais difficilement revenir en arrière et rouvrir l'échange de façon constructive.

En effet, en ayant ce type de posture vous ne laissez plus trop le choix à votre interlocuteur et vous ne vous laissez pas le choix à vous non-plus.

Si votre interlocuteur répond non et que vous modifiez votre position, vous aurez l'impression de perdre la face ce qui pourrait se traduire comme un signe de faiblesse. Ou encore votre interlocuteur mettra fin à la discussion car il trouvera votre demande et votre posture indécentes.

Prenons l'exemple du Scooter dans la tactique de « COUPER LA POIRE EN 4 » du chapitre 1. Avec le premier geste du vendeur, je suis déjà satisfait puisque 750 € c'est mieux que mon objectif initial de 800 €. Lorsque je l'appelle pour « COUPER LA POIRE EN 4 » je formule ma phrase en disant que mon budget est de 600 € et c'est tout. Si à la fin de ma phrase, j'avais rajouté une expression du type « à prendre ou à laisser », j'aurais acculé mon interlocuteur et l'affaire ne se serait pas faite. Je ne l'ai pas fait car je savais déjà que quelle que soit sa réponse, j'allais accepter puisque j'avais déjà atteint mon objectif. Avec « COUPER LA POIRE EN 4 » tout ce qui vient après c'est souvent du « bonus » !

Je ne dis pas que fermer la porte et rester ferme sur ses positions est une mauvaise approche. Au contraire, cela permet d'utiliser toutes les variations de la technique « DONNER & RECEVOIR ». Néanmoins, c'est une histoire d'expérience, de timing, de dosage et d'objectifs que vous vous êtes fixés.

Observation #6 :

La force des marques. La force de l'offre et la demande.

Il y a quelques négociations où j'ai usé le soleil et je sais désormais qu'il est inutile d'essayer de négocier.

Par exemple, je voulais un modèle précis de téléphone, la marque est renommée, les produits sont régulièrement en rupture de stock. J'ai bien essayé à quelques reprises « OSEZ DEMANDER », « VIS MA VIE » ou encore « DONNER & RECEVOIR » et je me suis vite aperçu que lorsque notre choix est arrêté et que la marque est puissante, je n'obtiendrai absolument rien. Il y a des fois où il est vain de tenter de négocier.

Rappelez-vous l'exemple de la petite Toyota Hybride dans la tactique « LE SILENCE EST D'OR ». C'est vrai que nous avons obtenu un petit quelque chose de la part du vendeur. Nous voulions cette voiture et pas une autre car tout correspondait (couleur, modèle, kilométrage, prix, …) Ce que je ne vous ai pas dit, c'est que le vendeur nous a fait attendre 1h30 avant de s'occuper de nous car il était submergé de clients.

Quand on a un couple qui attend le vendeur pendant 1h30 dans une concession au milieu d'une zone industrielle avec pour seul service une machine à café (et la climatisation), vous comprenez aisément où se situe le rapport de force entre les acheteurs et le vendeur.

Comme je l'ai indiqué, en été 2021, le marché de l'automobile était en plein boom = L'offre et la demande étaient déséquilibrés.

Je n'attendais donc absolument rien côté négociation, j'étais frustré et je dois avouer que je suis satisfait d'avoir obtenu un petit quelque chose grâce à la technique « LE SILENCE EST D'OR ».

Observation #7 :
Partir la fleur au fusil.

Je suis parfois parti dans des négociations (petites ou grosses) avec pas ou peu de préparation. La plupart du temps ça s'est mal passé et même si j'ai acheté ou vendu, avec du recul, je me suis aperçu que j'aurai pu bien mieux faire en me préparant.

Dans certains cas, j'ai trop baissé mon prix mais parce que je ne m'étais pas fixé de limites à moi-même avant d'entamer les discussions.

Dans d'autres cas, je n'ai pas vendu assez cher car je me suis aperçu à posteriori qu'en travaillant en amont, j'aurais pu compiler des informations et préparer une tactique pour commencer avec un prix plus élevé.

Enfin, à d'autres moments, j'ai tout simplement dépensé plus que le budget que je m'étais fixé tout bêtement parce que je ne m'étais pas suffisamment renseigné et que je ne m'étais pas fixé de limites.

Observation #8 :
L'habit fait parfois le moine.

J'ai quelques mauvaises expériences sur le sujet, je vais partager un exemple dont je me rappellerai bien longtemps...

Je cherchais un beau lustre pour notre salle à manger. Le genre de lustre que l'on achète une seule fois dans sa vie !

Je me décide d'aller dans un magasin de luminaire réputé car j'avais repéré le lustre parfait. A cette époque, je me berçais encore de certaines illusions en me disant que l'habit ne faisait pas le moine.

Me voilà en route pour le magasin affublé de vieilles baskets, d'un vieux jean et d'un T-Shirt moche et démodé. De toute façon, je me disais que ce qui comptait ce n'était pas ma tenue mais que j'avais les moyens de me payer le lustre.

Après à peine 1 minute d'échange avec une vendeuse (qui m'avait déjà bien regardé de la tête aux pieds) elle me dit : « vous savez c'est un gros lustre qui est fait pour aller dans les appartements anciens avec une belle hauteur sous plafond. Êtes-vous certain qu'il est adapté pour vous ? » Ce n'était pas ma première expérience mais c'est toujours douloureux de se prendre ce genre de remarque.

Cette vendeuse n'était pas pro, je vous l'accorde et je connais pas mal de personnes très aisées qui s'habillent n'importe comment. Néanmoins, cet exemple illustre pas mal de situations que j'ai vécues ou observées et finalement : 1 - Je voulais ce lustre et pas un autre – 2 – J'avais bien l'intention d'obtenir une réduction.

Ce que j'ai fait : je suis retourné dans le magasin en costume, cravate en semaine en sortant du travail. La vendeuse était toujours là mais c'est sa responsable qui m'a reçu lorsque je suis entré dans le magasin. Je peux vous assurer que l'échange était bien différent et je n'ai pas manqué de lui dire que je n'étais pas content de l'accueil que j'avais eu le week-end précédent lors de ma première visite. J'ai d'ailleurs utilisé cet argument pour obtenir plus.

Que ça vous plaise ou non, l'habit fait le moine !

Observation #9 :

Coup de cœur = Attention danger pour une négociation efficace

Il arrive parfois que l'on ait un super coup de cœur pour un produit, un service, un appartement, une maison, une voiture, une moto, etc....

Dans la majeure partie des cas, lorsque je me suis retrouvé à devoir négocier pour quelque chose qui était un coup de cœur, ça a été très dur.

Pourquoi ? Parce ce que dans la plupart des cas, je ne voulais absolument pas louper cette opportunité quitte à devoir moins négocier et moins mettre la pression à mon interlocuteur.

Ce n'est pas grave en soi mais je veux juste attirer votre attention sur le fait que plus mes alternatives étaient limitées, plus l'objet de mes désirs avait un caractère émotionnel, plus il a été compliqué pour moi de négocier. Pas impossible, bien évidemment, mais plus difficile.

C'est dans ce cas précis que la préparation, le dosage de vos arguments, votre posture, votre capacité à vous adapter seront autant d'avantages pour tout de même réussir à obtenir mieux.

Mon conseil : Si c'est un coup de cœur, faites en sorte de ne jamais vous enfermer ou de mettre votre interlocuteur au pied du mur et soyez le plus direct possible.

Ce chapitre se termine avec cette observation et c'est une excellente transition pour la dernière partie de ce livre qui va vous donner un aperçu sur des notions plus avancées en négociation afin d'entrevoir les leviers qui pourraient vous permettre de devenir un(e) expert(e).

Chapitre 5
C'est juste le début

Au cours des chapitres précédents, nous avons pu observer que la négociation peut être parfois complexe. Les outils que je vous ai donnés permettent de rendre la négociation abordable pour toutes et tous. Avec un peu de motivation pour commencer à oser, vous verrez rapidement des résultats et ce en toute simplicité.

Dans cette dernière partie, je souhaite vous faire toucher du doigt des tactiques « expertes » qui sont la suite logique de ce que vous avez appris. Par expérience, au fur et à mesure de la pratique, vous allez avoir de nouveaux besoins et des nouvelles questions. Certain(e)s d'entre vous voudront même en faire leur métier ou alors renforcer cette partie dans ce qu'ils vivent au quotidien dans leur travail ou dans leur vie personnelle.

Je ne vais pas vous mentir, l'écriture d'un tel ouvrage demande du temps et de l'énergie et même si j'ai pris beaucoup de plaisir à le faire, je me lancerai dans l'écriture d'un second livre sur les tactiques « expertes » si et seulement si les retours sur ce premier livre sont positifs.

Voici à quoi pourrait ressembler le sommaire du prochain livre :

- Tactiques d'influence

Quelles peuvent être les différentes tactiques à utiliser pour influencer vos interlocuteurs dans leur processus décisionnel.

- Questions ouvertes

Apprendre à définir et à manier les questions ouvertes pour mieux connaître et cerner les besoins de nos interlocuteurs.

- Adapter son style

Savoir identifier le style de nos interlocuteurs

Connaître son propre style à soi

Adapter son style en fonction du style de nos interlocuteurs ou en fonction du message que l'on veut leur faire passer (tonalité, agressivité, écoute, ...)

- Identifier les signaux faibles

Avant et pendant vos échanges, vos interlocuteurs vont vous montrer des signaux faibles (langage corporel, petites remarques, sous-entendus, ...)

Savoir les détecter et les utiliser à son avantage.

- Apprendre à se préparer

Seul(e) ou en équipe, la préparation est indispensable.

Avoir les bons outils, se poser les bonnes questions.

- Garder la main

Maintenir vos interlocuteurs dans votre « terrain de jeu ».

Atteindre votre objectif le plus rapidement possible.

Conclusion

En préambule, je vous remercie d'avoir pris le temps de lire ce livre et j'espère très sincèrement que vous n'hésiterez pas à mettre en œuvre ces tactiques.

Je me suis volontairement appuyé sur des exemples réels de ma vie personnelle pour permettre à toutes et tous de pouvoir s'identifier et se projeter dans des situations identiques. Bien entendu, avec plus de 20 ans d'expérience dans le business, je peux vous assurer que ces tactiques sont tout aussi efficaces si vous devez les utiliser à titre professionnel et il me faudrait de longs mois pour vous lister le nombre de situations dans lesquelles je les ai utilisées.

Ce que je n'ai pas encore mentionné, c'est que nous nous sommes focalisés sur la négociation pour acheter ou vendre mais bon nombre de ces tactiques peuvent être employées dans d'autres contextes car parfois on doit négocier pour obtenir une meilleure place, le renvoi d'un produit, un service, etc...

N'oubliez pas que ce sont les petits ruisseaux qui font les grandes rivières et qu'il n'y a pas de bons ou de mauvais négociateurs. OSEZ vous lancer, vous ne le regretterez pas !

Je termine le livre avec quelques photos (pas toutes) des exemples dont je vous ai parlé plus tôt.

<u>Dans l'ordre :</u> Le meuble – Le scooter – Les Converse – La Toyota Yaris – L'écran de madame

MERCI !

www.ingramcontent.com/pod-product-compliance
Lightning Source LLC
Chambersburg PA
CBHW050331220526
45465CB00018B/1741